Implantación sostenible y circular

Judith Abeleira Carrasco

Implantación sostenible y circular
© Judith Abeleira Carrasco

1ª Edición

© IC Editorial, 2025

Editado por: IC Editorial
c/ Cueva de Viera, 2, Local 3
Centro Negocios CADI
29200 Antequera (Málaga)
Teléfono: 952 70 60 04
Fax: 952 84 55 03
Correo electrónico: iceditorial@iceditorial.com
Internet: www.iceditorial.com

ISBN: 979-13-7027-106-0
Depósito Legal: MA-2073-2025

Impresión: PODiPrint
Impreso en Andalucía – España

Nota de la editorial: IC Editorial pertenece a Innovación y Cualificación S. L.

Índice

OBJETIVOS GENERALES

Los objetivos generales del **Implantación sostenible y circular,** son los siguientes:

- ➲ Conocer y utilizar las herramientas que permitan a los establecimientos turísticos aplicar la economía circular y adaptarla al panorama actual del sector tras las condiciones derivadas de la alerta sanitaria.
- ➲ Distinguir las estrategias de la economía circular para aplicarlas en el sector turístico.
- ➲ Identificar las características de los destinos turísticos inteligentes y circulares.

Conocimiento de las estrategias para la aplicación de la economía circular en el sector turístico en España

Contenido

Objetivos

El objetivo general de esta Unidad de Aprendizaje es:

→ Distinguir las estrategias de la economía circular para aplicarlas en el sector turístico.

Los objetivos específicos de esta Unidad de Aprendizaje son:

→ Conocer la estrategia general de la economía circular para su aplicación en el turismo.

→ Aplicar tecnológicamente las estrategias de economía circular.

1. Introducción

La perspectiva de la economía tradicional o lineal ha quedado obsoleta y existe una clara tendencia hacia la economía circular o la enfocada en la sostenibilidad.

La economía circular cuenta con unas estrategias para ser implementada en el sector turístico, convirtiéndolo en turismo circular o sostenible.

Estas estrategias de la economía circular se pueden implementar en el sector turístico gracias a las aplicaciones, plataformas y programas tecnológicos que facilitan y aceleran esta implantación.

Continuaremos apoyándonos en nuestro hilo conductor de Hotelasa, el pequeño hotel de 50 habitaciones ubicado en un pueblo de 3.000 habitantes. Ubicado en un entorno rural, en una comarca de diez municipios muy pequeños y distanciados entre sí a unos 10 km entre ellos. Este hotel está situado en un antiguo palacio abandonado que ha sido reconstruido y reformado por una cadena hotelera nacional que lo adquirió hace dos años.

2. Estrategia general

👉 **HILO CONDUCTOR**

Pedro, el nuevo gerente de Hotelasa, debe poner en funcionamiento el hotel dentro de unos pocos meses. Al estar integrado en el sector turístico, debe implementar estrategias de economía circular en su hotel para adaptarse a los nuevos tiempos del turismo circular. Para ello, decide investigar sobre qué estrategias de la economía circular se pueden aplicar en el sector turístico.

La economía circular es el enfoque sostenible que aporta la economía. Este enfoque sostenible se focaliza en la reducción de cantidad de residuos, en minimizar o moderar el consumo de los recursos naturales, maximizar la reutilización y el reciclaje y valorizar o alargar la vida de los materiales y productos. De todo este enfoque sostenible de la economía podemos fraccionar estas **estrategias de la economía circular:**

- **Diseño para la durabilidad:** implica fabricar y producir productos y servicios que sean duraderos en el tiempo, que se puedan reparar y actualizar, prolongando su vida útil y reduciendo la necesidad de reemplazarlos o sustituirlos con frecuencia.
- **Gestión de residuos o 3 R:** reutilización, reciclaje y reducción.
- **Ecodiseño:** esta estrategia implica diseñar, desde el inicio, de modo ecológico, es decir, teniendo en cuenta el tipo de materiales a emplear, la eficiencia energética y la facilidad de desmontaje.
- **Economía de la función:** es una estrategia en la que, en lugar de vender el producto, lo que se ofrece es la posibilidad de acceder a él mediante otras modalidades como el alquiler, el *leasing*, el *renting*, la suscripción, etc.
  Por ejemplo, un hotel, en lugar de comprar máquinas lavadoras y secadoras para el departamento de lavandería, puede alquilar este tipo de maquinaria mediante diferentes modalidades o puede subcontratar o externalizar este servicio a lavanderías externas que les realizan el servicio.
- **Extensión de la vida útil:** implica la promoción del arreglo, reparación y mantenimiento del producto, ofreciendo estos servicios de mantenimiento y piezas de repuesto. También implicaría la reducción de la obsolescencia programada, es decir, no fabricar el producto o servicio con la intención de que caduque o se averíe en el tiempo, sin ofrecer repuestos y obligando al consumidor a adquirir un nuevo producto o servicio.
- **Biorrefinerías y valorización de residuos:** consiste en convertir los residuos orgánicos en nuevos productos de valor como el biogás, fertilizantes o productos químicos, pero a través de procesos de biorrefinerías, es decir, hacer productos de valor orgánico o natural.
- **Economía compartida:** se trata de facilitar el intercambio y préstamos de productos y servicios entre las personas y las comunidades. Generalmente, implica que hay una necesidad de adquirir nuevos productos y, por ello, se comparten o intercambian.
  Por ejemplo, el sistema educativo ha cambiado y hay que comprar libros escolares nuevos. En un centro educativo, todos los padres adquieren los nuevos lotes que, posteriormente, donarán al AMPA o a un fondo o banco de libros. A partir de ese momento, el alumnado hereda el lote de su actual curso y cuando este finalice, lo entregarán de nuevo a ese fondo de libros. El año siguiente adquirirán prestados los libros de su curso, y así sucesivamente hasta que finalicen su ciclo escolar o vuelva a cambiar el sistema educativo y, en consecuencia, vuelvan a cambiar los libros y haya que cambiar el fondo. Existe una necesidad de comprar libros escolares cada año, pero mediante este método de economía compartida, no es necesario que los padres hagan ese gasto cada año. Solo una vez.
- **Digitalización y plataformas:** consiste en la creación de plataformas para compartir servicios, vender productos de segunda mano ya utilizados, piezas de repuesto o servicios de reparación.

Por ejemplo, en la plataforma de *Blablacar* los usuarios de la comunidad ofrecen los desplazamientos en coche que realizan. Otros consumidores buscan en esos servicios, y si coincide una fecha, hora y trayecto concreto pueden contratarlo. De este modo, en lugar de viajar solo, pueden realizar ese trayecto varias personas compartiendo coche. Además de contaminar menos al viajar todos en un coche, el gasto de gasolina disminuye al ser compartido.

- ➲ **Producción local y descentralizada:** esta estrategia trata de promover la fabricación local mediante el consumo de estos productos locales, reduciendo los desplazamientos y transporte de los mismos, minimizando así los costes y la polución generada por la contaminación de los vehículos (camiones, furgonetas, etc.).

- ➲ **Educación y sensibilización:** esta estrategia nace de la necesidad de concienciar a todas las partes involucradas en la economía circular (empresarios, trabajadores, consumidores, proveedores, distribuidores, etc.) sobre los beneficios que aporta la misma y sobre cómo cada individuo, desde su papel dentro de la economía, puede contribuir a un mundo y a una actividad más sostenible.

La producción local hace referencia a la producción de proximidad, de modo que los proveedores sean de la zona y así se reduzcan los desplazamientos y la contaminación provocada por los vehículos.

Todas estas estrategias se complementan entre sí, no son excluyentes unas de otras, y se pueden adaptar a las diferentes actividades o sectores económicos, entre ellos, el turismo.

 **PARA SABER MÁS**

Puedes consultar la plataforma de *Blablacar,* vista anteriormente como claro ejemplo de estrategia de economía circular en digitalización y plataformas. Para ello, puedes acceder desde aquí:

https://redirectoronline.com/comt027po1106

En cuanto a la **gestión de residuos o 3 R,** hemos mencionado que son las siguientes:

- **Reutilización:** consiste en volver a utilizar un producto ya existente o sus componentes en lugar de desecharlos. El ejemplo más habitual o cercano como consumidores es la donación de ropa a nuestros propios familiares o a contenedores de Cáritas u ONG, que la destinan a personas vulnerables sin recursos.
- **Reciclaje:** significa dar una nueva vida a los materiales desechados. Fabricar un producto nuevo partiendo de materiales desechados o residuos, no de materiales nuevos o vírgenes. Por ejemplo, la madera plástica es un material que se obtiene a partir de plástico desechado y fibras de madera como serrín o virutas. Este material se emplea para fabricar mobiliario de jardín y exterior.
- **Reducción:** esto es disminuir o minimizar:

  - **El consumo:** si se consume menos productos nuevos, se deberá producir o fabricar menos cantidad de productos.
  - **Los envases:** si se ofrecen productos a granel, no envasados, estaremos reduciendo los envases desechables. Por ejemplo, un hotel, en lugar de ofrecer en las *amenities* pastillas de jabón envueltas en papel, coloca dispensadores rellenables de jabón junto a los lavabos de los baños.
  - **Los gases:** son residuos gaseosos que se eliminan al exterior, en su mayoría, por fábricas e industrias. De ahí que deban optar por

métodos y técnicas en los procesos de fabricación que reduzcan la generación y emisión de gases al exterior.

- ○ **Los residuos:** se deben reducir mediante la reutilización y el reciclaje. En caso de que existan residuos que no se pueden reducir ni por la reutilización ni el reciclaje, se intentarán reducir los mismos mediante técnicas como la incineración, el enterramiento, etc., para que no queden en montañas de vertederos con las consecuencias e impactos negativos sobre el medioambiente.

*Las 3 R de la gestión de residuos son la **reutilización** de los productos o bienes, el **reciclaje** de los materiales que están hechos y ya pasan a desechable y la **reducción** de consumo, envases, gases y residuos.*

Cuando una persona dice "yo reciclo", en realidad, lo que hace es, o bien reutilizar cosas, o bien separar residuos para llevarlos a los contenedores. Quienes gestionan estos residuos decidirán si algunos se reutilizan o se reciclan. Realmente, la función de reciclar lo hacen las plantas de reciclaje. Nosotros, como ciudadanos usuarios, simplemente reutilizamos o separamos residuos.

 TAREA 4

Estás trabajando en un complejo hotelero ubicado en una playa muy bonita, pero frágil desde el punto de vista medioambiental. Tienes que implementar una estrategia de reutilización, otra de reciclaje y otra de reducción, para minimizar el impacto negativo del hotel y proporcionar una experiencia más sostenible a los huéspedes. Cita una estrategia de cada tipo para alcanzar este objetivo.

Hemos de tener en cuenta que el sector turístico pertenece al sector servicios, por lo que no todas las estrategias de economía circular son aplicables por igual a este sector. No es igual el sector industrial integrado en su mayoría por fábricas que crean productos mediante máquinas, que el sector turístico que presta servicios a los individuos. En el caso del turismo, los turistas reservan o alquilan el derecho a utilizar algo. Es decir, cuando decimos que un viajero ha reservado o comprado una plaza en un medio de transporte, no significa que ha comprado el asiento físico y se lo lleva a su casa, sino que ha reservado el derecho a utilizar ese asiento en un trayecto, en un medio de transporte, en una fecha y hora concretas.

Por tanto, estas estrategias de la economía circular se pueden aplicar perfectamente al sector turístico, aunque unas más que otras. Aquí dejamos algunos **ejemplos de la aplicación de las estrategias de la economía circular en el turismo:**

- **Turismo experiencial:** el turismo experiencial es el resultado de aplicar estrategias de diversificación de productos o servicios para desmasificar algunos recursos turísticos. Ofrecer diferentes experiencias culturales, deportivas, religiosas, naturales, históricas, tradicionales, etc., desmasifican que solo se visite el recurso turístico estrella por excelencia de ese destino.
- **Gestión de residuos:** las empresas turísticas pueden establecer políticas de gestión de residuos en cuanto a reutilización de algunos productos e instalaciones, mantenimiento de los mismos, separación de residuos y reducción de envases desechables.
- **Hoteles sostenibles:** esta estrategia es la de aplicar materiales sostenibles y/o reciclados en su construcción, así como utilizar suministro de energías eficientes, y aplicar estrategias sostenibles en su operatividad de la actividad hotelera.
- **Turismo de baja temporada:** la estrategia de la desestacionalización atiende al hecho de desmasificar los destinos y recursos turísticos a lo largo del año para disminuir la presión que se ejerce sobre ellos, y distribuir los flujos y la carga turística a lo largo del año.
- **Transporte sostenible:** esta estrategia es la de fomentar el uso de vehículos sostenibles como bicicletas, el uso de transporte público o de vehículos eléctricos, así como el uso de vehículos compartidos para disminuir la huella de carbono y la contaminación.
- **Revalorización de sitios y monumentos:** esta estrategia consiste en restaurar, reformar y preservar los sitios, monumentos o recursos turísticos ya existentes, en lugar de construir recursos turísticos nuevos. De esta manera, se pretende atraer a turistas cuya motivación de viaje es el interés en la historia y autenticidad.
- **Economía compartida:** esta estrategia consiste en la creación de plataformas o aplicaciones en las que los individuos comparten sus propiedades,

ofertando un servicio a otro individuo interesado. Es muy usual en el intercambio de alojamientos. Así se reduce la demanda de construcción de alojamientos nuevos. Por ejemplo, desde la perspectiva de la economía compartida surgen plataformas como *Airbnb,* cuyos propietarios ponen a disposición del público un servicio de alojamiento, o *Blablacar,* donde los propietarios de vehículos comparten desplazamientos por carretera compartiendo coche y gastos de gasolina, al mismo tiempo que se reduce la contaminación.

- ⊃ **Alimentación local y orgánica:** es la estrategia de fomentar la compra a proveedores (ganaderos, agricultores y pescadores) locales de alimentos orgánicos o naturales, por parte de empresas de alojamiento y restaurantes. De este modo, se reduce la huella de carbono al tratarse de desplazamientos cortos y próximos, y se apoya a la economía local. Se deben mencionar también aquellas estrategias que, mediante aplicaciones tecnológicas, permiten calcular y gestionar la comida sobrante en restaurantes y empresas de alojamiento. Muchos ofrecen a los comensales la posibilidad de llevarse lo sobrante en un *tupper.* Además, la comida no cocinada, pero que sobra, como pueda ser todo aquello que está a punto de caducar y es difícil de vender por la proximidad de las fechas, se dona a bancos de alimentos u ONG de la zona que los gestionan para personas de colectivos vulnerables o en riesgo de pobreza.

- ⊃ **Turismo de proximidad:** esta estrategia trata de fomentar el turismo local y regional. Consiste en atraer al turista cercano. De este modo, se reduce la huella de carbono al reducir los desplazamientos y se fomenta la economía local. También trata de fomentar el turismo por la zona próxima del destino, es decir, que una vez que el turista se ha desplazado al destino, visite los alrededores o zonas próximas para reducir la huella de carbono. Por ejemplo, a veces, nos encontramos con turistas españoles que viajan al extranjero y gastan allí su dinero, cuando ni siquiera conocen o han hecho turismo en su propia comunidad autónoma. Lo mismo pasa con turistas extranjeros que vienen a España, y no conocen sus regiones o estados de procedencia. Por otro lado, si un turista extranjero visita Granada (cultura e historia), Almuñécar (playa) y Sierra Nevada (montaña), no es necesario que se desplace desde Granada a Benidorm (playa) y luego a la zona de la Alcarria (montaña), ya que los tres tipos de recursos los puede visitar haciendo turismo de proximidad.

- ⊃ **Turismo circular en comunidades locales:** esta estrategia es la de comprometer e implicar a las comunidades locales, haciéndoles ver los beneficios que aporta el turismo planificado y controlado. A su vez, se ha de intentar que parte de los beneficios obtenidos se reinviertan en la mejora de las infraestructuras y servicios locales, para la prosperidad de la comunidad local.

Todas estas estrategias de turismo circular ayudan a un turismo más sostenible, y benefician a los destinos como municipio y como comunidad local, y al medioambiente.

 PARA SABER MÁS

Puedes ver un vídeo acerca de un andamio o plataforma elevadora que se instaló para hacer los estudios previos a la restauración de la Universidad de Salamanca. Además de ser un medio auxiliar para trabajos de estudio y documentación, se utilizó para realizar visitas turísticas guiadas, pudiendo el visitante ver la fachada a un metro de distancia y en altura. Aunque este programa se llevó a cabo en 2012, no deja de ser un ejemplo de revalorización monumental. Para verlo, accede desde aquí:

https://redirectoronline.com/ncurz

 APLICACIÓN PRÁCTICA

María, la gobernanta de un hotel, tiene orden del director de convertir en trapos para limpieza las sábanas viejas que deberían ser, en principio, desechadas. Ayuda a María a averiguar a qué tipo de estrategia de economía circular corresponde esa norma.

Solución

Dentro de la gestión de residuos se están reutilizando las sábanas viejas prolongando la vida de esa tela al convertirla en trapos para limpieza.

Determinación del concepto y características de turismo circular

Contenido

Objetivos

El objetivo general de esta Unidad de Aprendizaje es:

→ Diferenciar la definición y características del turismo circular.

Los objetivos específicos de esta Unidad de Aprendizaje son:

→ Definir el concepto de turismo circular.

→ Distinguir los diferentes retos para lograr combatir o minimizar el cambio climático.

→ Conocer los tipos de tecnologías que se pueden aplicar el turismo circular.

3. Aplicaciones tecnológicas

☞ HILO CONDUCTOR

Pedro, en la gestión de la próxima apertura de Hotelasa, sabe que existen muchas facilidades tecnológicas para poder aplicar las estrategias de economía circular en su hotel. Debe informarse bien sobre qué aplicaciones móviles, plataformas webs, programas informáticos de gestión, etc., existen en el mercado para poder ofrecer a sus clientes servicios rápidos, eficientes y sostenibles.

- -

Las estrategias de economía circular se pueden aplicar o poner en práctica en el turismo circular gracias a la tecnología.

Las **aplicaciones tecnológicas** que ayudan a poner en práctica las estrategias de turismo circular son:

- **Plataformas de intercambio de experiencias:** son aplicaciones y plataformas *online* que permiten el intercambio de experiencias turísticas y consejos locales. De este modo, se fomenta un turismo más auténtico y con menos impacto negativo. Por ejemplo, en la plataforma de *Tripadvisor* (https://www.tripadvisor.es/) la gente intercambia opiniones sobre hoteles, restaurantes, destinos, etc. En un municipio, existe un restaurante muy famoso donde todo el mundo quiere ir a comer cuando, existen otros restaurantes menos conocidos donde también se come bien y a buen precio. Gracias a este tipo de plataformas, los turistas pueden decidir ir a probar otros restaurantes no tan masificados.
- *Marketplaces* **de alojamiento local.** Son plataformas donde los propietarios o anfitriones de alojamientos locales las ofrecen como servicio de alojamiento para la estancia del turista. Por ejemplo, la plataforma *Airbnb* (https://www.airbnb.es/).
- **Aplicaciones de movilidad sostenible.** Son aplicaciones que ofrecen los servicios de transporte sostenible como el alquiler de bicicletas o patinetes eléctricos, así como las rutas de transporte público, sea en autobús, metro o tranvía. Podemos incluir en este grupo desplazamientos deportivos como *kayaks,* canoas, barcos de remo, etc. Por ejemplo, *Turicleta* (https://www.turicleta.com/), que ofrece el servicio de alquiler de bicicletas eléctricas.
- **Realidad aumentada para turismo cultural.** La realidad aumentada proporciona información en tiempo real en monumentos y sitios históricos, brindando una mayor experiencia al visitante y reduciendo la cantidad de folletos o panfletos impresos en papel.

- **Gestión de residuos digitalizada.** Algunos destinos turísticos ofrecen información mediante aplicaciones o mediante las páginas webs de sus ayuntamientos, sobre puntos de recogida de diferentes tipos de residuos: contenedores para papel o cartón, cristal o vidrio, ropa, pilas, aceites usados, así como ubicaciones y horarios de apertura de instalaciones de puntos limpios o servicios de recogida de muebles, frigoríficos o bienes voluminosos. Al mismo tiempo, promueven y conciencian a las personas acerca de la separación de residuos.
- ***Tours* virtuales y experiencias inmersivas.** Son aplicaciones que permiten a los internautas visitar destinos, museos, monumentos u otros recursos turísticos de manera virtual. Esto reduce la necesidad de viajar personalmente y, en consecuencia, el impacto ambiental.
- **Sistemas de reservas inteligentes.** Plataformas de reserva que permiten a la empresa turística, en base a los huéspedes, visitantes, pasajeros, etc., ajustar automáticamente los consumos de energía en cuanto a electricidad, agua, gas, etc., mediante la previsión y control de luminosidad, temperatura, grado de humedad, etc. Esto permite ahorrar recursos naturales.
- **Aplicaciones de apoyo a artesanos locales.** Son aplicaciones o plataformas en las que los viajeros o consumidores pueden adquirir mediante compra los productos artesanales locales que, al tratarse de productos hechos a mano o de forma artesana, son sostenibles, originales y auténticos.
- **Seguimiento de la huella de carbono personal.** Son aplicaciones que ayudan al viajero o consumidor a calcular la huella de carbono personal. Ofrecen consejos y recomendaciones para disminuir la misma y ser más sostenibles.

PAPER   ORGANIC   PLASTIC   GLASS

Existen contenedores de diferentes colores para los distintos tipos de residuos: cartón, vidrio, plástico, orgánico, etc. Además de contenedores para pilas, aceites usados, ropa, etc. existen aplicaciones que indican dónde están situados este tipo de contenedores en cada municipio para que el usuario conozca su ubicación de antemano.

ACTIVIDAD COMPLEMENTARIA

4. Lee la noticia titulada "El Museo Nacional del Prado lanza su primera Visita Virtual en español e inglés" que encontrarás accediendo desde aquí:

https://redirectoronline.com/hott02po0401

A continuación, indica las ventajas e inconvenientes de los *tours* virtuales.

Siempre hemos hablado de tipos de turismo desde una clasificación muy tradicional: turismo de sol y playa, cultural, deportivo, gastronómico, religioso y de negocios. Así como de servicios turísticos básicos como el transporte, el alojamiento y la restauración.

Gracias a la tecnología, la oferta turística es mucho más variada que años atrás. La segmentación de los nichos de mercado es más minuciosa y detallada. Se encuentran nichos muy específicos porque se ofrecen actividades muy específicas. Aquí van algunos **ejemplos de actividades turísticas** que se han desarrollado y se han comunicado a los consumidores gracias a la tecnología:

- **Venta de entradas a espectáculos:** estas entradas ya son electrónicas. El cliente las puede recibir en su *e-mail* o en mensaje de móvil. Se ahorra la impresión en papel, así como el ahorro de tinta o tóner para las mismas.
- **Venta de visitas guiadas:** al igual que el anterior, son entradas electrónicas en las que el cliente necesita el localizador solamente.
- **Experiencias sostenibles:** talleres de artesanía local, recorridos por huertos orgánicos, experiencias de vendimia, recogida de aceituna, experiencias de pesca, etc.
- **Rutas turísticas *ecofriendly* o ecoamigables:** son rutas que muestran al turista puntos de interés ecológico y, a su vez, minimizan el impacto negativo ambiental.

 **PARA SABER MÁS**

Puedes ver un vídeo titulado Turistas que pagan por ir a la vendimia y dónde explican en qué consiste dicha actividad. Para ello accede desde aquí:

https://redirectoronline.com/d586w

4. Resumen

La economía tradicional o lineal desarrolla diferentes estrategias para enfocarse en la sostenibilidad y dando así lugar a la economía circular. Estas estrategias son:

Por otra parte, la gestión de los residuos, se basan en los conceptos de las 3 R, es decir:

Las estrategias de la economía circular se pueden aplicar en el sector turístico, dando lugar al turismo circular. Algunos ejemplos de la aplicación de estas estrategias son:

La implementación de las estrategias de la economía circular en el turismo circular ha sufrido un gran desarrollo gracias a las aplicaciones y plataformas tecnológicas como son:

Todas estas aplicaciones y plataformas tecnológicas, que permiten la implantación de estrategias, han favorecido la aparición de nuevas tendencias, así como ha favorecido a que las actividades turísticas existentes se diseñen de manera más sostenible. Los ejemplos de este tipo de actividades turísticas más sostenibles son:

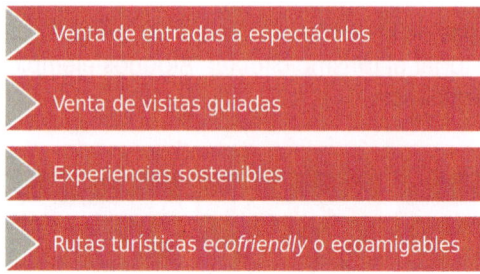

Venta de entradas a espectáculos

Venta de visitas guiadas

Experiencias sostenibles

Rutas turísticas *ecofriendly* o ecoamigables

Ejercicios de autoevaluación
Unidad de Aprendizaje 4

1. ¿Qué se entiende por turismo circular?

    a. Un modelo económico muy competitivo entre empresas turísticas.

    b. Un modelo de turismo que se enfoca en la cantidad de visitantes a un destino.

    c. Un modelo de turismo que busca minimizar los impactos medioambientales y potenciar la sostenibilidad a lo largo de toda la cadena de valor de la actividad turística.

    d. Un modelo de turismo que solo se enfoca en la temporada alta.

2. ¿Cuál es uno de los objetivos del turismo circular?

    a. Aumentar los precios de los servicios turísticos para incrementar los ingresos.

    b. Reducir la generación de residuos y el impacto negativo medioambiental en los destinos.

    c. Construir nuevas infraestructuras sin tener en cuenta el impacto medioambiental.

    d. Aumentar el número de visitantes en los destinos turísticos.

3. ¿Cuál de las siguientes prácticas contribuye al turismo circular?

    a. Ofrecer experiencias auténticas y locales que fomentan la cultura y la sostenibilidad.

    b. Promover actividades intensivas en el uso de recursos naturales.

    c. Utilizar productos desechables en las empresas de alojamiento.

    d. Enfocarse en el incremento de ganancias sin considerar aspectos medioambientales.

4. ¿Qué es el turismo de proximidad?

    a. Turismo cuya visita dura un solo día.

    b. Turismo que se realiza en países lejanos y exóticos.

    c. Turismo basado en la masificación y, por tanto, la proximidad de las personas.

    d. Turismo que promueve la visita a destinos cercanos para reducir la huella de carbono y promover la economía local.

5. ¿Cuál es un beneficio del turismo circular para la comunidad local?

    a. El desplazamiento de los habitantes locales para dejar espacio a los turistas.

    b. La reducción de empleos locales gracias a la automatización y la tecnología.

    c. Nuevas oportunidades de empleo y emprendimiento gracias a la participación activa de la comunidad en la actividad turística.

    d. Aislamiento de la comunidad local para proteger su patrimonio.

Identificación de las características de los destinos turísticos inteligentes y circulares

Contenido

Objetivos

El objetivo general de esta Unidad de Aprendizaje es:

→ Identificar las características de los destinos turísticos inteligentes y circulares.

Los objetivos específicos de esta Unidad de Aprendizaje son:

→ Reconocer los diferentes retos de la economía circular en el sector turístico en España.

→ Conocer los distintos proyectos en los que se pueden encontrar inmersos los destinos turísticos inteligentes y circulares.

1. Introducción

En España existen destinos turísticos muy masificados cuyo flujo turístico tan intenso comienza a impactar de manera negativa tanto en el medioambiente como en la comunidad local.

Hemos hablado previamente de la economía y del turismo circular. Sin embargo, llega el momento de hablar de los destinos como **destinos turísticos inteligentes y destinos circulares.** El destino abarca a las empresas turísticas, a las infraestructuras, a las comunidades locales y a los turistas. Es el punto final y el punto de inicio de toda la actividad turística. La comunidad local como receptora del turismo y los turistas como consumidores de ese destino.

Continuaremos apoyándonos en nuestro hilo conductor de Hotelasa, el hotel de 50 habitaciones en un pueblo de 3.000 habitantes. En un entorno rural, en una comarca de diez municipios muy pequeños y distanciados entre sí a unos 10 km entre ellos. Este hotel está situado en un antiguo palacio abandonado que ha sido reconstruido y reformado por una cadena hotelera nacional que lo adquirió hace dos años.

2. Principales retos de la economía circular en el sector turístico en España

 **HILO CONDUCTOR**

Pedro, el gerente de Hotelasa, está a punto de abrir el hotel en un pequeño pueblo de unos 3.000 habitantes. Se encuentra ubicado en un entorno rural, en una comarca de 10 municipios muy pequeños y distanciados entre sí unos 10 km. El alcalde de dicho pueblo y los alcaldes de los pueblos de alrededor deben reunirse para establecer políticas sobre turismo para que el destino sea sostenible y se aplique la economía circular, y donde no se masifique en exceso para no impactar de manera negativa en el medioambiente. En definitiva, que el turismo no se convierta en una actividad negativa para el municipio, ni para los municipios de alrededor. Pedro va a averiguar las diferentes maneras de hacerlo para presentar propuestas al alcalde.

La implementación de la economía circular en el sector turístico español es muy complicada, debido a la gran variedad de tipos de empresa que presenta este sector: compañías aéreas, ferroviarias, de autocares, empresas de alojamiento (hoteles, hostales, pensiones, cámpines, apartamentos turísticos, casas rurales, etc.), restaurantes, guías de turismo, empresas de actividades de multiaventura, etc. Además de empresas relacionadas con el ocio en sí, pero que se pueden integrar como actividad turística para la persona que no es residente del destino: cines, teatros, bares, festivales o conciertos musicales, ferias, eventos, etc.

Lógicamente, no es igual el conjunto de medidas sostenibles que debe adoptar respecto a la contaminación o polución una compañía aérea que las que debe adoptar un *camping,* por la actividad que la empresa desempeña de por sí.

Por este motivo, la implantación de la economía circular en el turismo presenta muchos **retos:**

- **Conciencia y cambio cultural:** el mercado está integrado tanto por la oferta (empresas que ofrecen productos y servicios) como por la demanda (personas que solicitan y consumen estos bienes y servicios). Las empresas y los turistas deben tomar conciencia sobre la sostenibilidad, optar por medidas y estrategias más sostenibles y no anclarse en prácticas obsoletas y arraigadas en el pasado. La economía lineal está dando paso a la economía circular. Los destinos inteligentes y/o circulares deben soltar las prácticas tradicionales de la economía lineal. Para ello es necesaria la formación y educación de empresarios, trabajadores y turistas.
- **Gestión de residuos:** este reto es más difícil en los destinos masificados. Se necesita implantar sistemas de recolección de basura, reciclaje y contenedores de residuos diversos. De este modo, el destino reducirá la contaminación y maximizará el aprovechamiento de los recursos materiales, al reaprovechar las materias desechadas reciclándolas de nuevo.
- **Uso eficiente de los recursos naturales:** se deben aplicar sistemas y estrategias que maximicen el uso del agua y de las energías minimizando el impacto ambiental. De ahí las estrategias de utilizar energías renovables y reducir el consumo de agua.
- **Infraestructuras sostenibles:** las empresas del destino, turísticas y no turísticas, deben adoptar principios y valores de sostenibilidad y economía circular. Para ello se necesitan cambios en las prácticas de construcción y mantenimiento así como inversiones privadas y ayudas gubernamentales.
- **Colaboración intersectorial:** al tratarse el sector turístico de un entramado de empresas variadas de distinto índole, la economía circular precisa de la colaboración y cooperación de todos los agentes intervinientes,

además de los gobiernos, las ONG y la comunidad local del destino. Esta coordinación es necesaria para alcanzar entre todos un objetivo común.

- **Medición y seguimiento:** en la planificación de la economía circular, tanto a nivel de empresa como a nivel de destino, se deben diseñar instrumentos que permitan medir si se están cumpliendo los objetivos de sostenibilidad y, en caso de detectar errores en el proceso, poder tomar decisiones para corregir la desviación detectada. Es necesario medir y hacer seguimiento del impacto ambiental y del social de la actividad turística.

- **Innovación tecnológica:** es necesario el uso de las nuevas tecnologías, en cuanto a adquisición de productos inteligentes, así como el uso de las TIC o tecnologías de la información y comunicación, como medio de comunicación y publicidad, para hacer llegar la información a proveedores y consumidores, y así aplicar soluciones innovadoras. Todas estas acciones pueden necesitar de inversiones económicas y, lo más importante, el cambio en la mentalidad empresarial. La actitud y el querer hacer es vital para el impulso que requiere el turismo circular.

- **Estacionalidad:** junto con la saturación son dos de los retos más difíciles. En España hay destinos que se masifican en unas temporadas concretas, pero que quedan vacíos el resto del año. Es necesario buscar actividades para que esa masificación se diluya en el tiempo de manera que no se masifique tanto en unas fechas y sea un flujo de turismo más moderado durante todo el año.

  Por ejemplo, en España es típico que se masifiquen ciertos destinos de turismo de sol y playa quedando el resto del año solo con su población residente. Existen destinos de nieve cuya actividad principal se produce en invierno, pero ofrecen rutas de senderismo o naturaleza durante su temporada baja.

- **Saturación:** es la masificación en un punto turístico concreto, mientras que otros, también cercanos, no reciben visitas.

  También se puede dar con destinos principales y secundarios.

  Por ejemplo, un destino tiene una catedral muy conocida y visitada, mientras que cuenta con más iglesias, museos o recursos turísticos que no se promocionan y, por tanto, no son visitados. En este caso, se trata de adoptar estrategias para promocionar esos puntos para que sean visitados y diluir al flujo de turistas en el espacio próximo del destino.

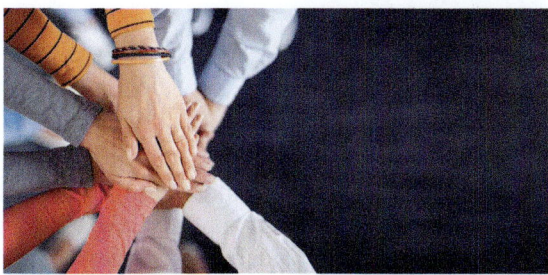

La cooperación, colaboración y coordinación de todos los agentes participantes e intervinientes es vital para que se alcance el objetivo común como comunidad local y destino que persigue alcanzar la economía y el turismo circular.

APLICACIÓN PRÁCTICA

Un municipio costero de España triplica la plantilla de barrenderos de calles en la temporada de verano. ¿A qué tipo de reto se enfrenta la economía circular en este destino turístico mediante esta acción?

Solución

El mantenimiento de la limpieza de las calles es una acción que entra dentro de la gestión de residuos.

- -

Los destinos turísticos inteligentes y circulares deben alcanzar los objetivos plasmados en la **Agenda 2030,** que es una estrategia mundial que marca los siguientes ODS u **Objetivos de Desarrollo Sostenible:**

1. **Fin de la pobreza.** Erradicar la pobreza en el mundo, comenzando cada uno por su comunidad próxima.
2. **Hambre cero.** Erradicar el hambre en el mundo. En el sector hotelero y de restauración, muchas empresas emprenden acciones para optimizar la comida mediante menús planificados con mismos ingredientes

guisados de manera diferente, y para reducir desperdicios ofreciendo el sobrante a los propios comensales para llevárselo a casa o donando comida que está a punto de caducar y que, por el motivo que sea, no le pueden dar salida en sala.

3. **Salud y bienestar.** Ofrecer menús y actividades turísticas más saludables.

4. **Educación de calidad.** Este objetivo compete principalmente al sistema educativo y de formación.

5. **Igualdad de género.** En el sector turístico, al igual que en el resto de sectores, se debe apostar por la igualdad de género contratando ratios determinadas de mujeres y hombres, favoreciendo la conciliación familiar en el trabajo, eliminando la brecha salarial, etc.

6. **Agua limpia y saneamiento.** Mejorar la calidad del agua que se consume y del agua que se disfruta. Por ejemplo, en España, muchos destinos turísticos presentan sus playas para que sean declaradas Playa con Bandera Azul. Para ello, uno de los requisitos es que la calidad del agua para el baño sea buena. En muchos municipios se controla dicha calidad en lagos, lagunas, pantanos, ríos y aquellos lugares humedales donde los visitantes van a disfrutar de un rato de baño.

7. **Energía asequible y no contaminante.** Las empresas que comercializan los suministros energéticos deben apostar por que su procedencia sea de energías renovables y limpias, y el resto de empresas, entre ellas, las turísticas, así como los destinos turísticos, deben consumir ese tipo de suministros procedentes de dichas energías.

8. **Trabajo decente y crecimiento económico.** Fomentar las condiciones laborales decentes y humanas en cuanto a horarios, descansos, sueldos, etc., y permitir el crecimiento de la economía en todos los países para que se puedan desarrollar.

9. **Industria, innovación e infraestructura.** Hay que seguir fabricando y creando productos y servicios, pero desde una perspectiva de la reutilización, el reciclaje y la reducción para prolongar la vida útil de los productos y servicios y no agotar los recursos naturales que son escasos.

10. **Reducción de las desigualdades.** Como raza humana hay que reducir las desigualdades que podemos encontrar por razón de sexo, raza, religión, clase social, capacidades sensoriales, etc., intentando la inclusión plena de los individuos. En este aspecto, hay empresas turísticas y destinos que intentan ser lo más accesible posibles para que todo el mundo cuente con la posibilidad de visitar recursos turísticos (museos, teatros, iglesias, etc.), acceder a las empresas turísticas de alojamiento, restauración y transporte público.

11. **Ciudades y comunidades sostenibles.** Estos deben apostar por la sostenibilidad en todos sus servicios: gestión de residuos y de aguas residuales, accesos por carretera, ferroviarios, portuarios, aeroportuarios, potabilización del agua consumible, etc.

12. **Producción y consumo responsables.** No solo a nivel de industria, sino de ganadería, pesca, agricultura y cualquier otro sector, las empresas

deben producir de manera moderada y responsable. A su vez, los consumidores y usuarios deben consumir los productos de manera moderada, sin caer en el consumismo incontrolado, para ello, se utilizarán las estrategias de reutilización, reciclaje y reducción evitando la generación de residuos.

13. **Acción por el clima.** Tomar todas las medidas y estrategias enfocadas a mejorar el clima y luchar contra el denominado cambio climático o calentamiento global.

14. **Vida submarina.** Compete a todas las empresas que trabajan en el mar: desde pescadores a empresas de alquiler de motos acuáticas u otras actividades que se realizan en el mar *(kayak, vela, surf, windsurf,* etc.). Todas han de velar por cuidar la vida marina y no estropear sus ecosistemas.

15. **Vida de ecosistemas terrestres.** Todas las empresas cuya actividad se desarrolla en la naturaleza terrestre deben velar por los ecosistemas de la misma. Ganaderos, cazadores, agricultores, empresas de actividades de senderismo, rutas guiadas por la naturaleza a caballo, en bicicleta, etc., deben ser sostenibles para cuidar la vida de los ecosistemas terrestres y que su actividad no impacte de manera negativa en los mismos.

16. **Paz, justicia e instituciones sólidas.** Este objetivo trata de alcanzar estos pilares de manera fuerte y consistente. Los países deben contar con sistemas judiciales que no se tambaleen cada vez que cambian de gobierno, procurando seguridad a sus ciudadanos. Debe reinar la paz para que la convivencia entre individuos sea cordial, correcta y armoniosa. Las instituciones deben proporcionar servicios seguros y de garantía a sus conciudadanos.

 TAREA 5

El ayuntamiento de un destino de playa en España ha decidido contratar 30 socorristas para sus playas y 20 monitores para diversas actividades al aire libre. Esta contratación se va a efectuar mediante bolsa de empleo. Uno de los requisitos es la paridad entre hombres y mujeres para cada tipo de puesto (socorristas y monitores) y estar empadronados en dicho municipio, al menos, los últimos 24 meses.

¿Qué objetivos de la Agenda 2030 cumple esta acción? Razona tu respuesta.

Si estamos hablando de destinos turísticos inteligentes y circulares no podemos olvidar el programa **SICTED** o sistema integral de calidad turística en destinos. Tal como dicen en su propia página web: "es un proyecto de mejora de la calidad de los destinos turísticos promovido por la Secretaría de Estado de Turismo (SETUR), con el apoyo de la Federación Española de Municipios y Provincias (FEMP), que trabaja con servicios turísticos de hasta 37 oficios diferentes, con el objetivo último de mejorar la experiencia y satisfacción del turista".

Buscando la calidad de los destinos turísticos se topa con materias como la sostenibilidad, el turismo circular y los demás conceptos que estamos estudiando.

 PARA SABER MÁS

Puedes visualizar toda la información acerca del programa SICTED accediendo desde aquí:

https://redirectoronline.com/hott02po0501

Otro proyecto en marcha es el **DTI** o **Destinos Turísticos Inteligentes.**

Como bien dicen en su web: "el programa Destino Turístico Inteligente es un proyecto promovido por la Secretaría de Estado de Turismo (SETUR) y gestionado por la Sociedad Mercantil Estatal para la Gestión de la Innovación y las Tecnologías Turísticas (SEGITTUR), que persigue contribuir a mejorar la competitividad de los destinos turísticos y la calidad de vida de sus residentes incidiendo en cinco ámbitos de actuación". Estos ámbitos de actuación son:

➲ **Gobernanza:** debe ir enfocada a cumplir y mantener este objetivo, es decir, que el destino turístico tenga la característica de inteligente y/o circular. Para ello, los ayuntamientos, junto con las diputaciones y las comunidades autónomas, gestionarán el municipio de manera que todas las políticas y estrategias contribuyan a que las empresas y organismos sigan las mismas directrices.

- ➲ **Sostenibilidad:** un destino turístico inteligente debe velar por el cuidado del medioambiente, permitir el desarrollo económico y social del mismo.
- ➲ **Accesibilidad:** el DTI debe ser accesible a todas las personas y debe ofrecer a todos los individuos la posibilidad de ser visitado.
- ➲ **Innovación:** el DTI debe implementar estrategias, actividades e ideas innovadoras rompiendo con la economía tradicional y lineal buscando maneras diferentes para ofrecer calidad, al mismo tiempo que cuida del medioambiente y de su comunidad local.
- ➲ **Tecnología:** para optimizar los ámbitos anteriores es imprescindible contar con la tecnología. Los métodos tradicionales, físicos y analógicos no aportan soluciones rápidas, seguras y actualizadas.
  Por ejemplo, un plano de la ciudad en *GoogleMaps* está más actualizado, ofrece más información y la posibilidad de interactuar a la hora de buscar puntos de interés, que los tradicionales planos de papel que, además del gasto del mismo, la información, una vez impresa, no se puede actualizar y el visitante no pueden interactuar con ese plano.

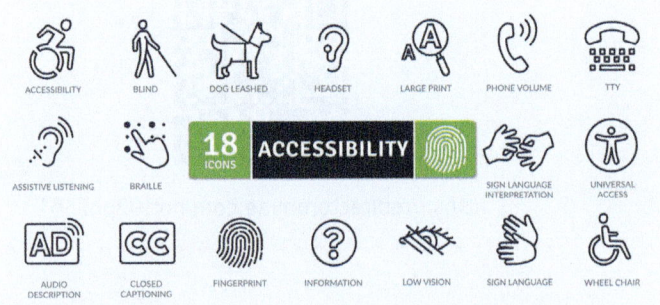

Cuando se habla de accesibilidad no solo hablamos de eliminar las barreras arquitectónicas, sino de permitir el acceso a lugares, información y dispositivos tecnológicos a todas las personas cuyas habilidades y/o capacidades sensoriales no están plenamente desarrolladas.

⊕ PARA SABER MÁS

Si deseas saber más sobre los Destinos Turísticos Inteligentes (DTI) puedes hacerlo accediendo desde aquí:

Continúa en página siguiente >>

<< Viene de página anterior

https://redirectoronline.com/hott02po0502

 ACTIVIDAD COMPLEMENTARIA

5. Lee la noticia titulada "Toledo digitaliza la red de senderos homologados" que encontrarás accediendo desde aquí:

https://redirectoronline.com/hott02po0503

A continuación, indica qué ventajas aporta esta iniciativa como destino inteligente y circular.

---

3. Resumen

El sector turístico español presenta la complejidad de que está integrado por una gran variedad de empresas de alojamiento, de transporte, de restauración y de actividades turísticas varias, además de las empresas de actividades de ocio que, en su mayoría, también se pueden englobar dentro de la actividad turística.

Visto de este modo, la economía circular presenta muchos **retos** a la hora de aplicarse en el turismo:

Conciencia y cambio cultural	Gestión de residuos	Uso eficiente de los recursos naturales
Infraestructuras sostenibles	Colaboración intersectorial	Medición y seguimiento
Innovación tecnológica	Estacionalidad	Saturación

Los destinos que quieren ser turísticos y, además, inteligentes y de economía circular, deben perseguir los Objetivos de Desarrollo Sostenibles expresados en la mundial Agenda 2030. Estos son:

Además de la Agenda 2030, hemos estudiado el programa **SICTED** o sistema integral de calidad turística en destinos, que persigue la calidad en los destinos turísticos, teniendo en cuenta aspectos de sostenibilidad y economía circular. Por último, hemos aprendido acerca del **proyecto DTI o Destinos Turísticos Inteligentes** que se aplica en los destinos en cinco ámbitos de actuación:

Ejercicios de autoevaluación
Unidad de Aprendizaje 5

1. **El reto del turismo circular que define la masificación concentrada en unas fechas de temporadas concretas es el reto de...**

   a. ... uso eficiente de los recursos naturales.
   b. ... conciencia y cambio cultural.
   c. ... infraestructuras sostenibles.
   d. ... estacionalidad.

2. **El reto de la concentración de turistas en un punto de visita o en un destino principal único se denomina:**

   a. Gestión de residuos
   b. Infraestructuras sostenibles
   c. Saturación
   d. Innovación tecnológica

3. **La acción de potabilizar el agua en aquellos municipios donde la calidad de esta no es muy buena, atiende al siguiente Objetivo de Desarrollo Sostenible de la Agenda 2030 :**

   a. Fin de la pobreza
   b. Hambre cero
   c. Agua limpia y saneamiento
   d. Acción por el clima

4. **La acción de obtener los suministros energéticos de energías renovables atiende al ODS de la Agenda 2030:**

   a. Energía asequible y no contaminante
   b. Acción por el clima
   c. Industria, innovación e infraestructura
   d. Trabajo decente y crecimiento económico

5. La eliminación de barreras arquitectónicas en los destinos turísticos inteligentes, incide en el ámbito de actuación de la...

    a. ... gobernanza.
    b. ... sostenibilidad.
    c. ... innovación.
    d. ... accesibilidad.

Glosario

Carbono
Elemento químico que se enlaza con otros átomos de carbono u otros elementos químicos para formar compuestos. En sostenibilidad, cuando se habla de carbono, en la mayoría de los casos se está hablando del CO_2 (dióxido de carbono), compuesto perjudicial para la atmósfera y el agua, ya que reduce el oxígeno, al necesitarlo para crear el CO_2.

Colaboración
Actuar de manera conjunta un grupo de personas, empresas, organizaciones, instituciones, etc., creando alianzas o acuerdos para beneficiar a todas las partes intervinientes.

Estrategia
Conjunto de reglas, pautas o directrices establecidas en una empresa u organización en las que se basa la toma de decisiones en la misma.

Inclusión
Introducción e integración de todos los individuos por igual en la sociedad. Permitir el acceso a todos los bienes y servicios de todos los individuos, independientemente de aspectos como su raza, sexo, religión o condiciones físicas o psíquicas.

Renovable
Algo, en nuestro caso, energía, que se puede hacer o crear de nuevo. La energía renovable es aquella procedente de fuentes naturales inagotables como el sol o el viento y se puede estar produciendo de manera constante.

Residuo
Desperdicio, sobrante, basura, resto, remanente, etc., que puede ser de diferentes materiales. De ahí la necesidad de gestionar los residuos dependiendo del tipo de material que sea.

Sinergia

Acción conjunta de varias personas, empresas o instituciones para alcanzar un objetivo común, beneficiándose conjuntamente.

Tecnología

Conjunto de conocimientos, herramientas o técnicas empleadas en un sector específico.

Transporte

Actividad consistente en desplazar a algo o alguien desde un punto de origen a uno de destino, en un medio de transporte: barco, avión, tren, camión, etc.

Vida útil

Durabilidad de un producto mediante el uso normal y adecuado de este. Por ejemplo, en prendas de ropa suele ser el número de lavados, en un aparato eléctrico, el número de usos, etc.

Bibliografía

Textos electrónicos, bases de datos y programas informáticos

→ Guía práctica para la aplicación de la economía circular en el sector turístico en España, de: <https://www.segittur.es/sala-de-prensa/informes/guia-practica-para-la-aplicacion-de-la-economia-circular-en-el-sector-turistico-en-espana/>.

> Segittur es la Sociedad Estatal Española para a la Gestión de la Innovación y las Tecnologías Turísticas, dependiente de la Secretaría de Estado de Turismo, dentro del Ministerio de Industria, Comercio y Turismo.

→ Objetivos de Desarrollo Sostenible / ODS, de: <https://www.mdsocialesa2030.gob.es/agenda2030/index.htm>.

> El Ministerio de Derechos Sociales y Agenda 2030 es un ministerio del Gobierno de España en la actualidad.